QUESTIONS RÉPONSES

DÈS 7 ANS

La guerre d'Algérie

écrit par **Jean-Michel Billioud**
illustré par **Emmanuel Cerisier**

Nathan

Pourquoi la France a-t-elle conquis l'Algérie ?

Au printemps 1830, le roi Charles X décide de mener cette conquête car il est de plus en plus critiqué par les Français. Il espère restaurer son autorité avec une victoire prestigieuse mais quelques jours après la prise d'Alger, il doit quitter le trône. Il est chassé par les révolutionnaires à Paris, après trois jours de révolte que l'on appellera les « Trois Glorieuses ».

INCROYABLE !

En 1827, le dey d'Alger, le plus haut dirigeant de l'Algérie, donne un coup d'éventail au consul de France qui refuse de régler une dette. Trois ans plus tard, cette humiliation sert de prétexte à l'invasion de l'Algérie.

La France avait-elle beaucoup de colonies ?

Comme l'Espagne et le Portugal, la France a dominé de vastes régions, en particulier en Amérique à partir du 16e siècle. Au moment de la conquête de l'Algérie, la France a perdu les immenses territoires qu'elle possédait en Amérique du Nord, comme la Louisiane ou le Canada. Elle a conservé quelques îles aux Antilles (Guadeloupe, Martinique), la Guyane, l'île Bourbon dans l'océan Indien (La Réunion aujourd'hui), Saint-Pierre-et-Miquelon et quelques villes en Afrique et en Inde.

Les colonies françaises en Afrique en 1910 (en orange)

La conquête a-t-elle été facile ?

L'occupation du pays, entamée par les troupes françaises en 1830, est lente et devient brutale à partir de 1840. Les conquérants n'épargnent pas les populations civiles et éliminent les résistances sans pitié. Quand les Algériens se réfugient avec leur famille dans des grottes, certains officiers allument des feux devant l'entrée pour les asphyxier !

Qui habite en Algérie avant l'arrivée des Français ?

Plusieurs peuples vivent sur ce vaste territoire. Les plus anciens et les plus nombreux sont les Berbères. Les Arabes sont arrivés à la fin du 7e siècle et les Juifs sont venus de Palestine ou d'Espagne. Ces populations sont dirigées par les Turcs qui sont installés en majorité dans la région d'Alger.

INCROYABLE !

L'Algérie fait partie de la France mais les Algériens n'ont pas les mêmes droits que les habitants de la métropole : ils n'ont pas le droit de voter par exemple.

MAURITANIE

L'Algérie compte moins de 5 millions d'habitants en 1830.

un homme arabe **une famille berbère** **un couple juif**

D'où viennent les colons ?

À partir de 1830, des Français et de nombreux Européens (Espagnols, Italiens, Maltais) s'installent en grand nombre dans les villes et les campagnes algériennes. Le gouvernement français incite les plus pauvres à tenter leur chance en s'installant dans ce nouveau pays. Après la défaite française de 1871 contre la Prusse, l'Algérie devient aussi un refuge pour les Alsaciens-Lorrains qui refusent la domination allemande. Pour leur offrir des propriétés, les meilleures terres sont confisquées à ceux que l'on appelle alors des indigènes.

Dans leur grande majorité, les colons sont des fonctionnaires, des employés ou des commerçants qui ne roulent pas sur l'or. Seule une petite partie des colons est très riche.

À la fin des années 1890, les étrangers sont presque aussi nombreux que les Français : ce sont les Européens d'Algérie.

un couple italien

des Espagnols

un couple alsacien

Les Algériens résistent-ils ?

Dès le début de la conquête, l'émir Abd el-Kader organise la résistance face aux troupes françaises menées par le général Bugeaud. Il finit par céder après 15 ans de lutte, mais des révoltes éclatent encore jusqu'en 1871. L'invasion est lente : le Sahara ne sera conquis qu'au début du 20e siècle. À partir des années 1920, plusieurs organisations nationalistes sont fondées pour dénoncer les inégalités entre les Européens et les Algériens.

LES GRANDES DATES DU CONFLIT

14 juin 1830

Prise d'Alger
Des soldats français débarquent dans la baie de Sidi-Ferruch, à une trentaine de kilomètres d'Alger. Trois semaines plus tard, ils s'emparent de la ville.

mai et juin 1945

Massacre de Sétif
À la suite de manifestations nationalistes, violente répression des autorités françaises dans les régions de Sétif et Guelma.

1er novembre 1954

Toussaint rouge
Série d'attentats dans toute l'Algérie à l'initiative du Front de libération nationale (FLN) créé le 10 octobre.

12 mars 1956

L'Assemblée nationale donne les **« pouvoirs spéciaux »** aux militaires en Algérie. Ils peuvent désormais mener des enquêtes comme des policiers et faire des procès comme les juges !

janvier-octobre 1957

Bataille d'Alger
Les militaires français traquent les indépendantistes du FLN cachés dans la vieille ville.

Pourquoi des révoltes éclatent-elles en 1945 ?

Certains Algériens n'acceptent plus les inégalités économiques et politiques, les humiliations successives et leurs conditions de vie. Ils veulent les mêmes droits que les Européens. Le 8 mai 1945, dans la ville de Sétif, un rassemblement pour l'indépendance de l'Algérie dégénère et des manifestants sont tués par les forces de l'ordre. Quand l'émeute s'étend, la répression est extrêmement violente et entraîne des milliers de morts.

juin 1958

Premier voyage en Algérie du **général de Gaulle** en tant que chef du gouvernement.

11 février 1961

Création de l'OAS (Organisation armée secrète) par des partisans de l'Algérie française. Elle vise à empêcher par tous les moyens l'indépendance de l'Algérie.

nuit du 21 au 22 avril 1961

Tentative de putsch des généraux Salan, Zeller, Challe et Jouhaud à Alger pour conserver l'Algérie française.

18 mars 1962

Accords d'Évian
Ils mettent fin à la guerre et ouvrent la voie à l'indépendance. L'exil des Français d'Algérie s'accélère.

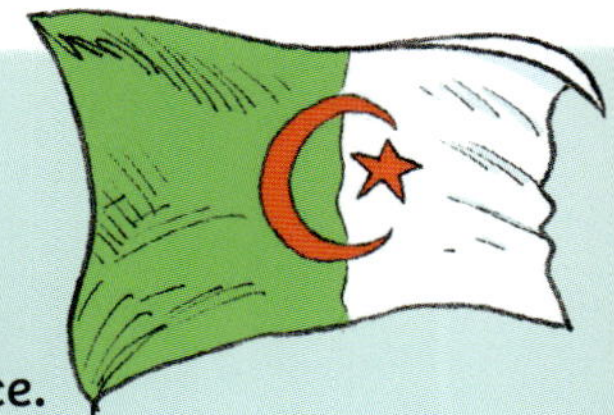

5 juillet 1962

Proclamation de l'indépendance de l'Algérie et représailles sanglantes contre les Européens et les harkis.

RADAR

ALGÉRIE : TROUBLES SANGLANTS

16 PAGES 30 francs

Canada 15 cents
Maroc (par avion) 40 fr.

VOIR SUITE PAGES 2 et 3

- Les fellagas ! J'ai peur !

Dans les gorges de Tiganine, à 20 km. d'Arris, le car venant
de Batna stoppe brusquement. Dans la voiture, il n'y a
qu'une Européenne. C'est l'institutrice de Tifelfel. Obéissant aux
instructions officielles diffusées par radio, elle a quitté le poste
qu'elle occupe avec son mari depuis septembre. Elle colle son vi-
sage à la vitre : sur la route un groupe d'hommes armés barre le
passage. Mme Monnerot a tout de suite compris et un cri d'effroi
sort de ses lèvres : « Les fellagas ! J'ai peur ! ». Alors, du fond du
car, un Arabe en burnous se lève. Le ruban rouge de la Légion
d'honneur brille sur la blancheur immaculée de son vêtement. No-
blement, il s'avance vers les assaillants. « Je suis le caïd Ben Hadj
Sadok, capitaine de l'armée française. » « Descendez comme les
autres et vite », réplique le chef. Tous les voyageurs obtempèrent.
Déjà des mains prestes fouillent les bagages des deux jeunes Euro-
péens. « Mais c'est une lâcheté », crie l'héroïque caïd. Il s'avance,
indigné, vers les brigands. Une rafale de mitraillette l'abat aussi-
tôt. L'instituteur bondit vers sa femme. (C'est l'épisode que repré-
sente notre couverture). Nouvelle rafale. Les deux jeunes gens
s'effondrent baignant dans leur sang. Terrorisés, les autres assis-
tants ne bougent plus. « Maintenant, leur dit le chef des fellagas,
remontez en voiture et disparaissez ». Et, comme il en voit qui
font mine de relever les cadavres, il s'interpose violemment :
« Laissez ceux-là où ils sont ». Le car s'éloigne. Bien que griève-
ment blessée, Mme Monnerot n'a pas perdu connaissance. Dès son
arrivée à Arris, le car alerte les autorités. Les instituteurs de la
petite ville se précipitent auprès de leurs collègues et les ramè-
nent à l'hôpital. Mais le médecin-chef est absent. M. Monnerot
a succombé pendant le transport. Un lieutenant-médecin accom-
pagnant la colonne du 2e Chasseurs, envoyée pour dégager Arris,
pratique les opérations nécessaires. La malheureuse veuve survi-
vra à ses nombreuses blessures. Mais quel horrible souvenir !

Deux des premières victimes de la guerre, l'instituteur Guy Monnerot et sa femme, en une du *Radar*, 14 novembre 1954.

Quand commence la guerre d'Algérie ?

Le 1er novembre 1954, le FLN (Front de libération nationale) organise une série d'attentats meurtriers sur tout le territoire contre des casernes, des bureaux de poste, des fermes d'Européens. Il s'attaque aux symboles de l'occupation coloniale. On appellera plus tard cette nuit de violence la « Toussaint rouge ».

Qu'est-ce que le FLN ?

Le Front de libération nationale est le mouvement qui revendique l'indépendance de l'Algérie par tous les moyens et qui devient l'adversaire principal de la France. Il organise une Armée de libération nationale (ALN) pour combattre sur le terrain.
Ses partisans multiplient les embuscades dans les campagnes avant de commettre des attentats à la bombe dans les villes.

À ses débuts, l'ALN rassemble 3 000 hommes mal préparés.

Le 12 mars 1956, la France accorde des « pouvoirs spéciaux » aux militaires, qui assurent l'essentiel du pouvoir.

INCROYABLE !

La France ne parle pas de « guerre d'Algérie » avant 1999 ! On utilise les termes d'« événements » ou d'« entreprise de pacification ». Officiellement, les soldats français partent en Algérie faire du « maintien de l'ordre ».

Existe-t-il d'autres mouvements nationalistes ?

À la tête de plusieurs partis indépendantistes successifs, Messali Hadj fonde en 1954 le Mouvement national algérien (MNA) qui s'oppose au FLN. La rivalité entre ces deux mouvements fera une dizaine de milliers de morts en Algérie mais aussi à Paris, à Marseille et dans les villes où se sont installés de nombreux immigrés.

Messali Hadj

Qui sont les militaires français ?

Les troupes sont formées essentiellement par des militaires de carrière dont beaucoup n'ont pas accepté de perdre l'Indochine, une autre colonie française. On compte aussi des appelés qui font leur service militaire et ne connaissent rien à la guerre.
Les unités combattantes recherchent les soldats de l'ALN dans les zones montagneuses où ils se cachent. Les soldats les plus aguerris forment les commandos de chasse.

INCROYABLE !

Les Français surnomment les combattants de l'indépendance « les fellaghas ». C'est un mot péjoratif qui signifie « bandits de grands chemins ».

Tous les soldats français participent-ils aux combats ?

Non, à partir de 1955, de nombreuses unités sont chargées de gagner la confiance des villageois et de les éloigner du FLN en améliorant leurs conditions de vie. Certains soldats sont instituteurs, d'autres médecins ou infirmiers, d'autres encore construisent des routes. Ce sont les Sections administratives spécialisées (SAS).

Qui sont les harkis ?

Ce sont des Algériens rattachés à une unité militaire française comme « soutiens ». Ils n'ont pas les mêmes droits que les autres militaires engagés et on peut les renvoyer à tout instant. Ils apportent leur bonne connaissance du terrain et permettent de limiter le nombre de jeunes Français envoyés en Algérie pour leur service militaire. Pour les autorités, c'est aussi le moyen d'éviter que ces hommes ne rejoignent les troupes indépendantistes.

Combien de jeunes Français sont envoyés à la guerre ?

Au début de l'année 1957, l'ALN, l'armée du FLN, compte déjà 40 000 soldats, bien entraînés et bien armés, qui multiplient les opérations.
Le gouvernement sent que la situation dégénère et veut que la guerre se termine le plus tôt possible. Au total, plus d'un million d'appelés feront leur service militaire en Afrique du Nord. Ils sont envoyés en Algérie principalement mais aussi au Maroc et en Tunisie.

Sont-ils tous volontaires pour cette guerre ?

Non, ils font simplement leur service militaire comme tous les hommes de leur génération. Alors que peu à peu la guerre s'éternise et que le nombre de victimes augmente, des mouvements de protestation voient le jour. Les rares insoumis, qui refusent de participer à cette « guerre sans nom », sont envoyés en prison.

INCROYABLE !

Parmi les appelés qui font leur service militaire, il y a aussi des jeunes Algériens, puisque l'Algérie est un territoire français !

À leur arrivée à Alger, ils restent quelques jours à la caserne avant d'être amenés en camions vers leur unité. Pierre est choqué par la misère et l'attitude parfois méprisante de certains colons envers les Algériens.
Beaucoup d'appelés sont répartis sur le territoire algérien avec comme seule mission de surveiller et d'occuper le terrain. Ils s'ennuient pendant des mois.
Les plus diplômés deviennent instituteurs, infirmiers ou médecins et viennent en aide aux populations dans les villages.
Pierre a été affecté dans un commando qui traque les soldats de l'ALN dans les montagnes. Il dort sous la tente et participe à des combats contre des petits groupes.
Son unité est aussi chargée de ramener des prisonniers pour obtenir des renseignements.
Pierre sait très bien que les interrogatoires sont violents mais il l'accepte car il vient d'apprendre que de jeunes appelés français ont été tués près du village de Palestro.
Il n'a pas de haine envers les Algériens, comme certains de ses copains. Il obéit aux ordres mais il se pose de plus en plus de questions.
Il est heureux de repartir après ces 18 mois en Algérie qui l'ont changé, bouleversé, transformé.
Quand il revient dans son village, personne ne le fête comme un héros. Cela tombe bien, il n'en a pas envie. Il préfère se taire et oublier cette sale guerre.

Comment s'est passée la bataille d’Alger ?

C’est l’opération de traque menée en 1957 dans la capitale de l’Algérie par les parachutistes du général Massu, une unité spéciale de l’armée française, contre les militants du FLN. Elle a pour mission d’éliminer la résistance des indépendantistes à Alger par tous les moyens, y compris la violence et la torture.

Pourquoi des soldats français utilisent-ils la torture ?

À partir de 1957, elle est utilisée pour obtenir des renseignements et tenter de limiter les attentats sanglants du FLN. Beaucoup de suspects meurent lors de ces « interrogatoires » après avoir subi différentes tortures (coups, noyades, électricité). D'autres sont abattus sans procès, leurs corps sont dissimulés et ils sont déclarés « disparus ». Les soldats du FLN n'hésitent pas non plus à recourir à la torture, en particulier quand ils capturent des harkis.

INCROYABLE !

Héros de la Seconde Guerre mondiale, le général Jacques Pâris de la Bollardière est le seul officier supérieur français à dénoncer publiquement l'utilisation de la torture.

Pourquoi fait-on appel au général de Gaulle en 1958 ?

Les autorités françaises ne parviennent pas à redresser la situation en Algérie. Les Européens d'Algérie et les militaires manifestent et font pression pour que le général de Gaulle soit appelé à la tête du gouvernement. Ils sont persuadés que le héros de la Seconde Guerre mondiale va les soutenir, rétablir l'ordre et conserver l'Algérie française.

L'Echo d'Oran,
5 juin 1958

ORANAIS ! PAVOISEZ !
ORAN DOIT ÊTRE VENDREDI UNE VILLE TRICOLORE !

L'Echo d'Oran

L'ECHO DE L'ORANIE — 20 francs — L'ECHO DU CHELIF

JEUDI 5 JUIN 1958

DEVANT PLUS DE 500.000 ALGÉROIS MASSÉS SUR LE FORUM ET CRIANT LEUR FOI DANS LE DESTIN DE L'ALGÉRIE FRANÇAISE

DE GAULLE : « JE VOUS AI COMPRIS ! »

« Dans toute l'Algérie, il n'y a que des Français avec les mêmes droits et les mêmes devoirs »

« J'exprime ma confiance à l'Armée française

Je compte sur elle, pour aujourd'hui et pour demain

Réussit-il à rétablir la situation ?

Nouveau chef du gouvernement, le général de Gaulle se rend le 4 juin 1958 à Alger pour s'adresser à la population. Il semble donner, dans un premier temps, raison aux partisans de l'Algérie française en prononçant un discours qui commence par ces mots : « Je vous ai compris ». Il annonce aussi rapidement de grandes réformes économiques et sociales pour améliorer les conditions de vie des Algériens.
Mais peu à peu il change de politique et lance le processus qui va amener l'Algérie à l'indépendance. Les Européens d'Algérie et une partie de l'armée s'estiment trahis.

Où se cachent les combattants nationalistes ?

Pour échapper aux soldats français, ils se déplacent dans les campagnes et les montagnes d'Algérie dont ils connaissent le moindre chemin, la moindre grotte. Ils y forment des « maquis » où ils s'entraînent. Parfois, ils se réfugient en Tunisie ou au Maroc, deux pays qui les soutiennent et leur fournissent des armes. Plus tard, ils déplacent la guerre dans les villes en multipliant les attentats dans les dancings ou les cafés.

INCROYABLE !

De nombreuses femmes ont participé à l'indépendance de l'Algérie. Certaines étaient infirmières, d'autres imprimaient les affiches et les prospectus, d'autres encore acheminaient des armes et des bombes.

Dans les campagnes, plusieurs millions de personnes sont déplacées dans des camps de regroupement, sous la surveillance de militaires français.

Qu'arrive-t-il aux habitants des villages ?

Les militaires français savent que de nombreux villageois aident les combattants nationalistes, volontairement ou par la force, en leur donnant de la nourriture, des informations ou de l'argent.
Ils vident des régions entières en obligeant la population à vivre dans des camps, et interdisent l'accès à certaines zones. Désormais, chaque personne rencontrée dans ces secteurs déserts est considérée comme terroriste et peut être tuée.

Les villageois déplacés sont logés dans des maisons en terre, les gourbis, ou sous des tentes.

Intellectuels célèbres dans le monde entier, Simone de Beauvoir et Jean-Paul Sartre dénoncent la torture et militent pour l'indépendance de l'Algérie.

En métropole, est-ce qu'on s'oppose à la guerre ?

En France, des personnes s'opposent à la guerre. Certains sont résignés à la « perte » de l'Algérie et acceptent l'idée de l'indépendance. Beaucoup s'inquiètent du pouvoir accordé à l'armée et craignent que la guerre civile se propage chez eux, en métropole. D'autres encore prennent position pour l'indépendance et soutiennent le FLN. Organisés en réseaux clandestins, ils transportent des armes, de l'argent ou des faux papiers pour les militants. On les surnomme les « porteurs de valises » et ils risquent la prison pour trahison quand ils sont arrêtés.

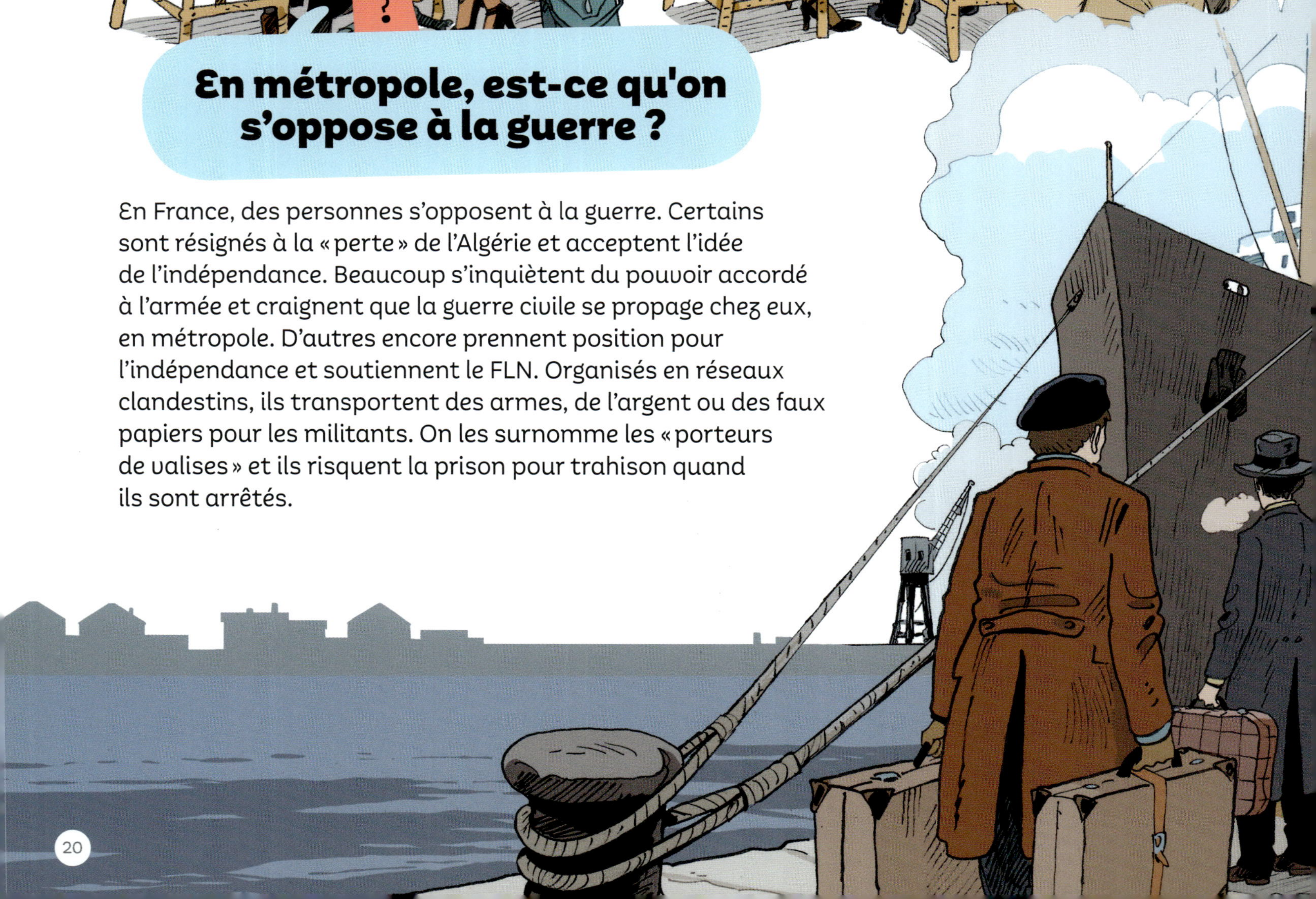

Comment réagissent les autres pays ?

Les indépendantistes reçoivent le soutien d'une grande partie de l'opinion mondiale et de tous les pays arabes. Dès 1955, 29 pays africains et asiatiques se réunissent à Bandung (Indonésie) et se prononcent pour la décolonisation et le droit des peuples à disposer d'eux-mêmes. Au fil des ans, les méthodes utilisées par les militaires français sont de plus en plus contestées.

Conférence de Bandung, avril 1955

INCROYABLE !

Surnommés « les Dribbleurs de l'indépendance », des joueurs de football professionnels quittent clandestinement leur club en métropole pour former l'équipe du Front de libération nationale (FLN). Pendant quatre ans, ils font connaître la cause de l'indépendance algérienne.

Qui sont les partisans de l'Algérie française ?

La plupart des Européens d'Algérie, ceux que l'on appelle à la fin de la guerre les « pieds-noirs » ainsi que de nombreux militaires. Les premiers sont très attachés à ces terres où ils vivent parfois depuis plusieurs générations. Les seconds ne veulent pas revivre une nouvelle humiliation comme en Indochine, perdue quelques années plus tôt. Ils refusent de voir le gouvernement sacrifier l'empire colonial français.

Que font-ils pour empêcher l'indépendance ?

Dans la nuit du 21 au 22 avril 1961, les généraux Jouhaud, Salan, Challe et Zeller prennent le pouvoir à Alger pour conserver l'Algérie française. Leur révolte, surnommée le « putsch des généraux » échoue car ils ne sont pas suivis par de nombreuses unités, ni par les appelés. Les putschistes seront jugés et condamnés à des peines de prison, mais certains fuiront avant de rejoindre, quelques temps plus tard, l'OAS.

INCROYABLE !

L'origine du mot « pieds-noirs » est bien mystérieuse. Pour certains, elle vient de la couleur des pieds des viticulteurs européens quand ils écrasaient le raisin, pour d'autres des bottines noires que portaient les premiers colons au 19e siècle.

Qu'est-ce que l'OAS ?

L'Organisation armée secrète (OAS) est une organisation clandestine qui regroupe des civils et des militaires partisans de l'Algérie française. Créée à Madrid en 1961, l'OAS organise des attentats contre les indépendantistes et contre tous les symboles de l'autorité française. Elle mène une politique de terre brûlée pour faire échouer le processus de paix.

Attentat de l'OAS, Alger 1962

Le FLN et le MNA essaient de recruter les immigrés algériens à la sortie des usines.

Y a-t-il des Algériens en France ?

Depuis la fin du 19e siècle, de nombreux Algériens ont quitté leur pays pour trouver du travail en métropole. Il faut construire des routes, fournir de plus en plus d'ouvriers pour les usines et remplacer les appelés partis combattre en Algérie ! Ces départs massifs s'accélèrent au moment du conflit. Leur nombre en métropole passe de 211 000 en 1954 à 350 000 en 1962.

Les mouvements se livrent à une « guerre des tracts » pour convaincre de nouveaux partisans.

Que se passe-t-il le 17 octobre 1961 ?

À l'appel du FLN, 30 000 manifestants, y compris des femmes et des enfants, protestent pacifiquement à Paris contre le couvre-feu qui est imposé aux « Français musulmans d'Algérie ». La répression de la police est terrible. Le bilan est de 32 à 285 morts, selon les estimations, tués par balle ou jetés dans la Seine. Plus de 10 000 manifestants arrêtés sont victimes de violences policières pendant plusieurs jours. Mais les autorités françaises nient ce massacre.

Le 8 février 1962, la police réprime une manifestation contre l'OAS et pour la paix en Algérie. Neuf manifestants sont tués, écrasés contre les grilles du métro Charonne.

Comment se termine la guerre ?

Les Algériens obtiennent leur indépendance le 3 juillet 1962 après avoir négocié les conditions du retrait des troupes françaises lors des accords d'Évian au printemps.
Mais la guerre a laissé de nombreuses blessures dans tous les camps. Elle a opposé les Algériens aux Français mais aussi les différents mouvements d'indépendance algériens entre eux et, dans les dernières années, les Français partisans de l'indépendance aux militants de l'Algérie française.

Que se passe-t-il au moment de l'indépendance de l'Algérie ?

Les partisans de l'Algérie française et les extrémistes algériens ont attisé la haine. La paix est meurtrière ! Des civils français sont abattus par les nationalistes algériens, des Algériens sont tués par l'OAS, de nombreux fonctionnaires, militaires algériens de l'armée française et surtout d'anciens harkis sont violentés et éliminés. Les affrontements entre nationalistes pour la prise du pouvoir durant l'été 1962 entraînent près de 1000 morts.

INCROYABLE !

Le 22 août 1962, après la proclamation de l'indépendance de l'Algérie, le général de Gaulle échappe de justesse à un attentat organisé par un commando de partisans de l'Algérie française et de membres de l'OAS. 187 balles sont tirées sur la voiture présidentielle, mais personne n'est blessé parmi les quatre passagers.

Où partent les pieds-noirs ?

En août 1962, la victoire des indépendantistes provoque la panique et l'exode de près d'un million d'Européens d'Algérie. Ils rejoignent la France dans des conditions difficiles en abandonnant tout ce qu'ils possèdent, et s'installent en grande majorité dans le sud du pays. Mais 200 000 d'entre eux choisissent de rester en Algérie.

Les rapatriés qui ont quitté l'Algérie dans l'urgence doivent reconstruire leur vie en France, où personne ne les attend. Sur place, victimes d'indifférence voire d'hostilité, ils s'intègrent difficilement.

Que deviennent les harkis ?

Pendant la guerre mais surtout après l'indépendance de l'Algérie, les harkis sont les cibles de violences et d'assassinats de la part des militants indépendantistes (de plusieurs milliers à 65 000 morts selon les estimations des historiens). La France les abandonne, tarde à organiser leur sauvetage et leur accueil en métropole. Ceux qui parviennent à fuir sont parqués dans des camps pendant des années ou sont engagés pour des travaux publics.

Pourquoi cette guerre a-t-elle été longtemps compliquée à raconter ?

Parce que personne n'a vécu la guerre de la même manière, n'a connu les mêmes souffrances et les mêmes blessures ! Militants indépendantistes, anciens combattants de l'armée française (appelés, engagés), pieds-noirs, harkis, membres de l'OAS, anticolonialistes, aucun des acteurs n'a la même mémoire des événements. Au-delà des victimes, ce sont aussi des drames intimes et des deuils dans les familles. Depuis les années 1980, l'intégration du conflit algérien dans les programmes scolaires et les travaux des historiens ont permis de mieux comprendre la guerre d'Algérie.

Lexique

Appelé

Jeune Français de métropole ou de territoires extérieurs accomplissant son service militaire obligatoire.

Attentat

Acte de violence commis par une organisation ou un individu pour semer la terreur, se venger ou faire changer une décision politique.

Colonie

Territoire placé sous le contrôle du pays étranger qui en a fait la conquête. Les colons sont les personnes qui ont quitté leur pays pour aller s'installer sur ces terres lointaines, situées généralement sur d'autres continents.

Exil

Départ forcé en dehors de son pays ou de sa terre natale.

Exode

Départ massif d'une population d'un pays vers d'autres.

Émeute

Manifestation populaire non prévue qui peut aller de la simple agitation jusqu'à la violence.

FLN

Le Front de libération nationale est le principal mouvement indépendantiste algérien. Il forme aussi des troupes de combattants : c'est l'Armée de libération nationale (ALN).

Harki

Algérien engagé auprès de l'armée française entre 1954 et 1962, sans avoir le statut ni les droits des militaires français.

Immigré

Personne née dans un autre pays que celui où elle réside. Elle peut avoir la nationalité de son pays de naissance ou avoir une autre nationalité, comme celle du pays dans lequel elle habite.

Indépendantiste

Personne qui réclame, par la lutte armée ou de manière pacifique, l'indépendance de son territoire. Les indépendantistes veulent avoir leur propre gouvernement et se diriger eux-mêmes.

Indigène

Nom et statut donnés aux habitants de l'Algérie par les premiers colons. Ils n'ont pas les mêmes droits que les Français de métropole.

Maquis

Région peu peuplée, forêt ou montagne où se cachent les résistants : les maquisards.

MNA

Le Mouvement national algérien de Messali Hadj lutte aussi pour l'indépendance de l'Algérie. Il s'oppose au FLN.

Métropole

La France de l'Hexagone, par rapport à ses territoires extérieurs comme les Antilles ou l'Algérie (entre 1830 et 1962).

OAS

L'Organisation armée secrète est un groupe clandestin de partisans de l'Algérie française, prêts à tout pour garder l'Algérie française.

Partisan

Personne qui soutient un leader politique, un combat, une cause comme l'indépendance de l'Algérie ou à l'inverse le maintien de ce territoire à la France.

Pied-noir

Surnom donné aux descendants des Européens installés en Algérie et en Afrique du Nord. Il se diffuse à la fin de la guerre.

Putsch

Tentative de prise de pouvoir pour renverser le gouvernement en place.

Répression

Fait d'empêcher ou de punir, par la force, des actes jugés illégaux ou dangereux par les autorités.

La guerre d'Algérie

Textes : **Jean-Michel Billioud** • Illustrations : **Emmanuel Cerisier** • Photogravure : **Irilys**

Crédits photographiques :
p 2 BRIDGEMAN IMAGES/CCI ; **p 6** BIS / Ph. Coll. Archives Larbor ; **p 8** Coll. AGENCE MARTIENNE/Yves Bosson ; **p 16** Pierre Laffont (c) Droits réservés ; **p 22** GETTY IMAGES France/Bettmann ; **p 26** GAMMA RAPHO/Keystone-France

Loi n° 49-956 du 16 juillet 1949 sur les publications destinées à la jeunesse, modifiée par la loi n° 2011-525 du 17 mai 2011

ISBN : 978-2-09-249526-1 Dépôt légal : mars 2022 // Achevé d'imprimer par Pollina (85400 Luçon, France) en février 2022 - 41759
N° d'éditeur : 10275877
www.nathan.fr

MIXTE
Papier issu de sources responsables
FSC® C022030

Découvre tous les titres de la collection :